AF338068

AUX FRANÇAIS

LE CENTENAIRE

DE LA

RÉVOLUTION FRANÇAISE

1789-1889

PAR

VERCINGÉTORIX

Prix : un franc.

PARIS

E. DENTU, LIBRAIRE-ÉDITEUR

Palais-Royal, 15, 17, 19, Galerie d'Orléans

—

1884

AUX FRANÇAIS

LE CENTENAIRE

DE LA

RÉVOLUTION FRANÇAISE

1789-1889

Un siècle aura bientôt passé!!!

Le Centenaire de la Révolution française approche!!!

Lorsque dans cinq ans, vous voudrez, je pense, fêter splendidement cette incomparable époque, unique dans l'histoire, que déposerez-vous sur l'autel de la Patrie? qu'aura produit le travail d'un siècle?

Oserez-vous glorifier la mémoire des hommes illustres de 1789?

Leurs mânes tressailleront de colère et d'indignation! elles vous renieront pour leurs descendants!

Pourquoi troubler notre repos? vous diront-elles; nous avons, en quelques jours, changé l'œuvre de plusieurs siècles, et vous, en un siècle entier, n'avez pu, non point perfectionner, mais seulement conserver l'héritage que nous vous avions légué! Ce n'est pas notre sang qui coule dans vos veines! Allez retirez-vous; n'évoquez point ceux que vous n'imitez pas.

Français, vous méritez ces reproches et la faute en est toute à vous ; si, depuis longtemps, vous aviez parlé haut et fort, comme il conviendrait que vous l'eussiez fait, vous auriez été entendus, écoutés, et vous ne seriez par arriérés comme vous l'êtes ; pendant que les arts, les sciences, l'industrie, le commerce, ont marché à pas de géants, l'état politique de la France, quand il ne recula pas, fut atteint d'immobilisme.

Les immortels principes proclamés en 1789 n'ont point porté tous les fruits que l'on en pouvait attendre, non qu'ils fussent erronés, mais parce qu'ils furent faussés, dénaturés, détruits, par les divers régimes autoritaires qui se sont imposés chaque fois que la France, oubliant qu'elle ne doit jamais s'abandonner à un homme, quel que soit cet homme, quelles que soient les circonstances, s'est livrée aux mains de prétendus sauveurs s'intitulant providentiels.

Les dures leçons qu'elle a reçues pour cet oubli, lui auront-elles profité ? Qu'elle se souvienne désormais que nous sommes faits, non, tous pour quelques-uns, mais quelques-uns pour tous.

La formule : liberté, égalité, fraternité, n'est qu'une formule, jamais suivie dans l'application.

Avez-vous la liberté de la presse, de réunion, d'association ?

L'égalité dans les droits et dans les charges ?

Etes-vous imposés proportionnellement aux facultés de chacun ?

N'y a-t-il plus de priviléges, corporations, monopoles ?

La vénalité des offices publics est-elle supprimée ?

La justice est-elle indépendante et gratuite ?

La fraternité, la solidarité existent-elles ?

La responsabilité des actes de chacun est-elle égale pour tous ?

Voilà cependant ces fameux principes de 1789 reconnus par toutes les constitutions ! sont-ils mis en pratique ?

Cependant, j'aime à le croire, vous avez toujours désiré qu'ils fussent appliqués ; vous avez même probablement, et profitant de l'expérience faite, voulu perfectionner, en bien des points, l'œuvre de vos devanciers ; vous l'avez sans doute formellement demandé ? Comment se fait-il donc que vous ne l'ayez pas obtenu, vous, le maître, le peuple souverain ?

C'est que vous avez été, vous êtes, mal servis, ne sachant pas commander ; par suite les rôles ont été, sont, intervertis, le serviteur étant devenu maître, le maître serviteur ; vous paraissez commander et vous obéissez.

Ah ! ce n'est pas ainsi que se passaient les choses en 1789.

Et puis les mandataires étaient fidèles aux volontés de leurs mandants.

Ce n'est pas aujourd'hui qu'on en peut dire autant ! ! !

Courier disait dans une lettre au *Censeur :* le peuple croît et paye ; il avait raison à l'époque, le repos de Napoléon favorisant l'accroissement ; il dirait maintenant : croît et paye, et ne se tromperait nullement ; votre crédulité paraît être, en effet, des plus robuste ; on vous fait des promesses magnifiques, afin d'obtenir votre confiance, chose facile ; on signe des programmes pleins de bonnes réformes à opérer : les paroles volent et les écrits ne restent pas.

Ce qui n'empêche point de recommencer et de réussir encore.

Cela durera-t-il longtemps ?

N'êtes-vous pas fatigués d'être bernés ainsi ? votre confiante crédulité est-elle illimitée ?

Un jour viendra, proche peut-être, où vous saurez remettre chacun à sa place, imposer vos volontés et les faire exécuter ; savoir vouloir, c'est pouvoir.

Ne pensez-vous pas que le moment est venu ? oui, n'est-ce pas ?

Eh ! bien voulez-vous un conseil ?

Désirez-vous connaître les voies et moyens que vous devez suivre pour arriver promptement, non à la perfection, chose impossible, mais à un état politique et social aussi parfait que l'on le puisse avoir ?

Si l'idée est fausse, vous la rectifierez, si bonne elle est, vous en profiterez. Parler est bien, écrire est mieux, imprimer est excellente chose, a dit Paul-Louis, et ce n'est pas un droit, c'est un devoir, étroite obligation de quiconque a une pensée, de la produire et mettre au jour pour le bien commun.

Mais avant de suivre ce précepte, il est bon de jeter un coup-d'œil rétrospectif et de tracer, à grandes lignes, les défauts de l'organisation de la France, ce qui nous facilitera la conclusion à déduire.

Avant 1789, la nation Française, n'ayant aucune constitution écrite, était gouvernée selon le bon plaisir d'un seul qui prétendait représenter, en sa personne, l'Etat tout entier. Cependant, lorsque la gêne financière se faisait trop vivement sentir, on daignait la réunir à seule fin de lui demander des subsides.

Les Etats-Généraux en profitaient pour faire entendre leurs doléances qui n'étaient point écoutées, bien qu'elles fussent des plus fondées, des mieux justifiées.

Cela gênait, néanmoins, aussi cent soixante-quinze ans avaient passé sans qu'on les eût convoqués, lorsque Louis XVI décida leur réunion.

Une fermentation latente, depuis longtemps travaillait les esprits ; d'innombrables abus les avaient disposés, sinon à une colère sourde, du moins à une froide et ferme résolution.

Les cahiers avaient été parfaitement rédigés, car chacun savait ce qu'il fallait dire et faire.

Aussi, la royauté, voyant le danger, voulut le conjurer, mais il n'était plus temps ; les Etats-Généraux se déclarèrent Assemblée Nationale et jurèrent de ne point se séparer avant d'avoir donné une constitution à la France.

Le principe essentiel et fondamental qui prévalut en 1789 fut la séparation des pouvoirs et l'avènement de la nation à l'exercice habituel et régulier du pouvoir législatif, par des mandataires qu'elle déléguait à cet effet, mais temporairement, la souveraineté appartenant à elle seule.

Le roi n'avait plus que le pouvoir exécutif et son refus de sanction aux décrets de l'Assemblée n'était que suspensif.

Enfin, l'impôt ne pouvait être voté que par les

représentants de la nation qui en déterminaient la nature, la quotité, la durée et le mode de perception.

Ce principe a été fécond et durable, les constitutions ultérieures l'ont maintenu, sauf à l'appliquer plus ou moins longuement, en étendant ou restreignant la part de la représentation nationale ; de là est né, entre l'exécutif et le législatif, un antagonisme qui a produit des coups d'état, des émeutes, des révolutions, chaque fois que l'exécutif a voulu dominer l'autre pouvoir.

Lequel doit avoir la suprématie ? celui-ci évidemment, mais nous aurons occasion plus tard de revenir sur ce sujet.

Depuis la Révolution Française, dix-neuf constitutions ont régi la France : il est inutile de les analyser ; une remarque à faire : il y a une seule assemblée délibérante dans quelques-unes, dans les autres, deux dont une élective, ce qui augmente encore le désaccord, suscite des conflits : c'est une contradiction et une négation à la souveraineté de la nation qui n'a délégué ses pouvoirs qu'à l'une des deux ; au suffrage universel si elle émane d'une autre source.

Avant 1789, chaque état, chaque province avait ses lois et coutumes, bien des communes leurs franchises ; c'était une décentralisation exagérée ; en corrigeant ce défaut l'on est, depuis, tombé dans l'excès contraire ; une centralisation à outrance s'est établie, ce qui facilite et les coups d'état et les révolutions.

N'est-il pas absurde que le pouvoir central absorbe tout, qu'il étende son action sur tout et partout, sous le prétexte fallacieux de l'intérêt de l'État ?

Des bureaucrates, sur leur rond de cuir, connaissent mieux les désirs, les intérêts, les besoins et ce qui convient le mieux à une petite commune située à deux cents lieues !!!

L'Assemblée de 1789 établit la séparation des pouvoirs. Elle aurait dû fixer aussi la séparation des intérêts. La commune libre dans le département, celui-ci, libre dans l'État, se gouvernerait bien mieux ; les affaires locales, faites avec plus de rapidité, chacun apprendrait, en participant à leur gestion, la vie politique que tout citoyen doit connaître : l'État serait plus libre lui-même, n'étant plus surchargé ; de là, simplification, économie.

Elle omit également, après avoir proclamé les droits de l'homme, de préciser ses devoirs !

Sans doute, ces lacunes eussent été comblées et l'œuvre de l'Assemblée perfectionnée, mais les événements qui suivirent empêchèrent qu'il en fût ainsi. L'Europe, coalisée contre les idées révolutionnaires qui faisaient trembler les trônes, attaquait la République de tous les côtés ; la nécessité de vaincre pour n'être pas vaincu exigea l'emploi de moyens extraordinaires appropriés aux circonstances.

L'Europe fut battue ; elle le fut de nouveau après une seconde coalition.

Mais le militarisme naquit de ces victoires, et un général se fit nommer empereur.

C'est à cette époque que furent faites la plupart des lois qui nous régissent encore, sinon par la lettre, du moins par l'esprit ; que furent créées les administrations dont les procédés sont les mêmes aujourd'hui, les unes et les autres, portant, comme disait Courier, l'empreinte du héros, du génie du Pouvoir, qui faisait en une heure une Constitution, en quelques jours un Code pour toutes les nations, gouvernait à cheval, organisait en poste, et fonda, en se débottant, un empire qui dure encore.

Par l'ambition d'un seul, par la faiblesse de tous, fut enrayée l'œuvre de 1789 ; elle courut encore un plus grand danger sous la Restauration, la rentrée des Bourbons ayant suscité contre elle une effroyable réaction.

Mais l'on ne détruit pas une idée quand elle est juste ; on peut, un instant, suspendre sa marche, elle n'en continuera pas moins son cours et finira par triompher.

On crut qu'il en serait ainsi en 1830 : en trois jours les Bourbons durent reprendre le chemin de l'exil ; mais, cette fois encore, la révolution profita à ceux qui ne l'avaient point faite, non à ceux qui la firent ; le seul résultat qu'il en advint fut un parlementarisme dont la cause et l'effet se réduisaient à deux choses ; élever ou renverser tour à tour le président du conseil, Thiers, Molé ou Guizot, ce qui inspira le sixain suivant :

> L'Etat est bien mal attelé
> Avec Guizot, Thiers ou Molé.
> L'Etat marche tout de travers
> Avec Molé, Guizot ou Thiers.
> A sa perte il court au galop
> Avec Molé, Thiers ou Guizot.

La seconde, accentuer la lutte entre l'exécutif et le législatif.

1848 fut un grand pas en avant : le suffrage universel fut établi, ce qui était conséquent avec le principe de 1789, la souveraineté de la nation résidant dans l'universalité des citoyens, non dans une partie.

Mais la faute qu'elle commit fut de faire nommer, par le suffrage universel, le chef du Pouvoir exécutif, qui dès lors avait une autorité égale à celle de l'autre Pouvoir, d'où devait surgir conflit, ce qui ne manqua pas.

Le Président nommé, usant habilement du prestige attaché à son nom, par la légende, et aussi de l'impopularité de la loi du 31 mai 1850, restreignant le suffrage universel, eut toute facilité pour accomplir un coup d'État, et, singeant son oncle, se faire nommer empereur.

Mais cette famille paraît prédestinée! L'invasion étrangère fit tomber celui-ci comme elle avait fait déchoir l'autre; tous les deux occasionnèrent le démembrement de la France.

En 1871, la nation, envahie par l'étranger, nomma une Assemblée nationale qui fit la Constitution actuelle, mais dont beaucoup de personnes demandent la révision.

Voilà vingt constitutions qui ont vu le jour en France!!! Une de plus n'y changera pas grand'chose.

L'on croit avoir tout fait quand une trentaine d'articles sont rédigés et votés!! L'on en pourrait fabriquer des centaines et n'en être pas plus avancé!

Vous me direz : la Constitution n'est pas bonne; l'Assemblée de 1871 ne fut nommée que pour trancher la question de guerre ou de paix; elle usurpa le pouvoir constituant pour lequel nous ne lui donnâmes point mandat explicite ni implicite; par suite elle a fait de mauvaise besogne dont nous ressentons les consé-

quences; tout ce qui s’est fait dérive d’une usur-
pation, cause de tout le mal.

C’est un peu vrai ce que vous dites là; républicains, bonapartistes, légitimistes n’en sont contents
et ne la trouvent point à leur gré; seule, une certaine
catégorie, à couleur indécise, paraît l’affectionner,
désirer son maintien, ce qui n’étonne nullement,
cette catégorie étant au pouvoir, et tant qu’elle y est,
ne voulant rien réviser.

Ce n’est pas une révision de Constitution qu’il
vous faut: c’est une réformation, une rénovation de
la France, une réorganisation de tous les rouages
usés qui fonctionnent avec un grincement continuel,
dont on ne peut réparer l’un, pour le diminuer ou
l’agrandir, sans être obligé de toucher à tous les
autres, ce qui fait qu’on n’ose jamais arranger l’un
de crainte de les détraquer tous.

Alors, au lieu de se mettre résolument à l’œuvre
pour refaire toute la mécanique, l’on amuse la nation
Française par des jeux de casse-tête Chinois ou Ton-
kinois, par des discussions byzantines, comme si la
France, géographiquement, se trouvait en Orient, à
seule fin, de distraire son attention, de l’empêcher
d’entendre grincer cette vieille horlogerie fabriquée
l’an 1800 ! ! !

Parfois, si l’opinion publique devient trop pres-
sante, l’on paraît l’écouter en faisant quelque réforme
anodine, qui profite au pouvoir, non à la nation;
témoin la suspension de l’inamovibilité de la magistrature.

Celle-ci s’étant rebellée à propos des décrets sur les
Congrégations, autre fantasmagorie, le pouvoir sentit

la nécessité d'être prémuni contre une nouvelle levée de toges ; la suspension votée, les magistrats frondeurs furent mis à pied, ce qui permit de donner de l'avancement, ou d'installer à leur place, les favoris du pouvoir qui compte peut-être sur eux pour rendre non des arrêts, mais des services.

La justice sera-t-elle mieux rendue? la gratuité réelle n'existera pas plus qu'avant, et c'est par là cependant qu'il aurait fallu commencer.

Mais là git la difficulté.

Si l'on supprime ces frais écrasants, produisant des millions, par quoi les remplacer au budget? si l'on réduit les droits de succession, donations, mutations, contrats, comment combler le vide?

Ce qui prouve, par cet exemple, que l'on ne peut faire des réformes peu à peu et l'une après l'autre comme le demandent certains esprits, se croyant sages, mais qui, troublés à la vue du précipice ouvert sous leurs pas, ferment les yeux pour ne point voir, et prétendent que tout est pour le mieux dans notre belle France.

Aveugles, qui ne voient point s'assombrir l'horizon, l'orage s'avancer d'une façon lente, au gré de quelques uns, mais sûre et continue!!!

Le seul moyen d'éviter son éclosion, d'empêcher son éclat, c'est de le regarder en face, d'en étudier les causes, et celles-ci connues, d'y porter un prompt remède, d'un seul coup.

L'organisation d'une société est complexe; tout s'enchaîne, se tient, forme un composé; or il n'existe pas, en France, une seule branche d'administration, où les abus, les vices, ne soient nombreux et graves; il y faut donc hardiment porter le scalpel, couper et arracher leurs racines afin d'éviter que le mal s'étende et s'agrave encore plus.

D'ailleurs, depuis cent ans, bien des choses ont changé ; l'expérience acquise à démontré l'inutilité de certaines institutions, bonnes peut-être à l'époque, superflues aujourd'hui.

Ainsi, les sous-préfectures, les recettes particulières, à quoi sont-elles bonnes à notre époque de chemins de fer? elles compliquent, retardent les affaires! il est vrai qu'elles servent à récompenser, à caser les serviteurs dévoués au pouvoir, qui, par les sinécures bien payées (il n'y a pas que celles-là) corrompt les caractères, puisque le dévouement prime le talent!!

Sur un chiffre de 36 millions d'habitants il y a, paraît-il, un million de budgétivores!!!

Aussi le budget grossit toujours, à mesure qu'augmente le fonctionnarisme, lequel engendra la paperasserie.

Et ces gens-là, serviteurs du public, qui les paye, se moquent de lui, le reçoivent mal, lui répondent sur un ton rogue, cassant, qui devrait bien les faire casser aux gages.

Infatués de leur importance, ils se persuadent, que le monde est fait pour eux, qu'ils trônent sur leur rond de cuir.

C'est encore bien pire aux bureaux des ministères; la France, avec son intense centralisation, est gouvernée par eux; les ministres ne sont pas maîtres dans leurs ministères, ils se buttent contre une routine invétérée, intéressée, dont ils ne peuvent venir à bout; cette parole est bien vraie: les gouvernements changent, les ministres changent, les bureaux restent.

Allez donc faire, ou réviser une Constitution!!!

Il vaudrait mieux réviser les lois pour les mettre en harmonie avec la société moderne.

Celles qui nous régissent, faites à un moment de transition, se ressentent trop de l'époque passée.

Ainsi, la loi frappe l'innocent pour le coupable; elle fait des parias des enfants naturels, eux qui n'ont point demandé à vivre, les deshérite, les rend malheureux, fait germer, dans leur cœur, la haine pour leurs semblables, et les incite au crime.

L'Assemblée nationale de 1871, ce trait la caractérise, a dans la loi sur l'armée, article 17, accordé des cas de dispenses aux enfants légitimes seulement; pourquoi pas aux autres? doivent-ils davantage à la société qui ne fait rien pour eux?

Et le divorce, supprimé par des considérations religieuses? qu'est la séparation? un régime pire que le bagne, où du moins l'on est à côté de son compagnon, rivé à la même chaîne physique; celle qui vous lie à votre époux est morale, ce qui la rend encore plus lourde à traîner.

Et la loi sur les testaments qui permet au père ou à la mère de donner, à l'un de ses enfants, au détriment des autres, une plus grande part? ils ne sont donc pas ses enfants?

L'on voit bien que c'est un reliquat du droit d'aînesse.

Inutile de continuer l'énumération.

La loi est la loi; c'est elle qui doit toujours gouverner, depuis le chef d'Etat jusqu'au plus humble citoyen.

Tout Français doit la connaître; peut-il en être ainsi?

Quand on voit ceux qui en ont fait une étude spéciale, qui sont chargés de l'appliquer tous les jours, tels que magistrats, avocats, avoués, préfets, sous-préfets, conseillers de Préfecture, et autres, s'y embrouiller, y patauger, n'y rien comprendre, comment espérer qu'elle soit connue par tous les Français?

C'est qu'elle est compliquée, élastique, contradictoire, à double sens, par suite, interprêtée diversement; tel tribunal dit blanc, tel autre noir, sur une affaire toute pareille; l'on a même vu la cour suprême, se déjugeant en certains cas, adopter une jurisprudence contraire à celle qu'elle suivit auparavant.

Cette élasticité de la loi est un vice fâcheux, dangereux, car ceux qui rendent la justice, inamovibles, irresponsables surtout, s'abritant habilement derrière cette obscurité, peuvent rendre des jugements iniques quelquefois, le plus souvent stupides.

Que leur importe! que le plaideur en appelle ou se pourvoie, il n'en supporteront point les frais et leur traitement n'en sera nullement amoindri. Qu'ils ne commettent point de fautes contre la discipline, rien ne les peut arracher de leur siège; ils n'en continuent pas moins à juger, lorsqu'ils deviennent ramollis, ce qui survient de bonne heure chez eux qui, chaque semaine, sauf les vacances, travaillent trois jours à dormir, et les quatre autres à ne rien faire!

D'ailleurs, comment peuvent-ils apprécier et comprendre les misères humaines, sociales, eux qui dans la société forment un genre distinct, confrérie de robe, courte il est vrai, qui n'en est pas moins jésuitique ; ils doivent souvent se dire : conscience tu n'es qu'un mot, car leur figure, généralement rubiconde, ne porte point les traces d'insomnies, de soucis provoqués par leurs jugements mal rendus. Du reste, le vote de chacun est inconnu ; se prononcer anonymement et collectivement est commode ; ils échappent de la sorte à toute responsabilité, même morale, chose inadmissible, car chacun doit en avoir sa part. Si leurs votes étaient mentionnés, ils ne jugeraient pas tant à la légère.

Afin que les magistrats assis fussent indépendants du pouvoir on les fit inamovibles ; l'on peut les faire non rétrograder ou changer, mais avancer ; pour obtenir cet avancement, que ne feraient-ils pas ? il en coûte si peu, tout en rapportant beaucoup, d'être complaisant, servile, pour les puissants du jour, même pour ceux qui violent la loi, et perpètrent les coups d'état.

Leur devise paraît être : inexorables envers les faibles, serviables envers les forts.

Les magistrats, pleins de zèle en leur jeunesse, de scepticisme en leur vieillesse, ne sont pas, comme hommes, plus mauvais que les autres, mais le métier qu'ils font, les misères et les faiblesses humaines qui sont étalées devant eux, finissent par leur endurcir le cœur et l'esprit ; ils voient la paille dans l'œil des autres, non la poutre dans le leur, se croient impeccables et bien au-dessus de l'humanité. Ce n'est pas une fonction qu'ils remplissent, c'est un sacerdoce.

Cet état psycologique provient de l'esprit de corps, de la forme, de la tradition surtout, qui, dans la magistrature, sont des lois plus inflexibles, plus invariables, mieux appliquées que celles du code.

Le 4 août 1789, la noblesse fut abolie ; celle de robe est ressuscitée ! ! !

Les Codes de commerce, d'instruction criminelle, pénal, que de retouches à y faire ! Comprend-t-on le prévenu séquestré, mis au secret, torturé moralement pendant des mois pour un crime dont il n'est point l'auteur, puis enfin mis en liberté, souvent après la Cour d'assises, sans qu'il reçoive aucun dédommagement, pour le préjudice causé à sa réputation, à sa fortune ; l'acquittement, l'ordonnance de non-lieu sont des réparations insuffisantes !

Les lois civiles laissent à désirer en bien des points, mais les autres qu'on nomme usuelles, sont encore bien pires ! C'est une rage d'en faire tous les jours de nouvelles et d'en ajouter une de plus à celles déjà faites sur la même matière ; si l'on abrogeait les précédentes, l'œuvre serait parfaite, tout au moins dans sa simplicité, mais il n'en est pas ainsi ; l'article final dit : les lois, décrets, ordonnances et règlements contraires à la présente loi sont et demeurent abrogés ; allez vous y reconnaître ! les ordonnances de Louis XIV, d'Henri IV, de Charlemagne encore en vigueur si elles n'y sont pas contraires !

C'est le chaos, peut-être fait à dessein pour que les Français n'y voient goutte, et que le pouvoir puisse, à certains moments, exhiber ces armes rouillées dont il peut encore se servir, en combinant habilement leurs articles.

Ce qui paraît être, chez le législateur, oubli ou paresse, est une finesse. Il a légiféré, cela lui suffit; bien ou mal, peu lui importe ; l'interprétation ne lui incombe point ; elle appartient à d'autres, qui, sans cela, n'auraient que peu de choses à faire.

N'est-il pas nécessaire de réviser, de refondre toutes ces lois pour les rendre simples, claires, compréhensibles à tous?

Le droit civil, commercial, criminel doivent avoir pour base le droit naturel, l'équité, l'égalité ; la la liberté doit être celle du droit politique, administratif ; la France est majeure, l'on ne doit plus la laisser en tutelle, au profit de quelques-uns ; par la liberté, elle deviendra grande, prospère, forte, et la première des nations ; il est temps d'aviser, car il est manifeste qu'elle touche à la pente qui la conduirait à la décadence ; si l'on n'y porte un prompt remède, on peut dire, parodiant un mot célèbre : la France se meurt, la France mourra.

Ne quittons pas le domaine de la Justice sans dire un mot de la vénalité des offices, du corps d'avocats, d'agréés et d'avoués.

Ces derniers ne sont que des percepteurs c'est ainsi que l'on devrait les dénommer, puisque c'est par eux que le Trésor perçoit tous ces frais de justice, contre lesquels on crie depuis si longtemps, sans pouvoir obtenir leur suppression; et ce papier timbré ! le blanc serait bien suffisant ! pourquoi le plaideur est-il obligé d'avoir un avoué ? à quoi sert-il? à grossir les frais, embrouiller les affaires, les compliquer, suscitèr une foule de chicanes ; comme les percepteurs ils ont leur tant pour cent !

Et les avocats, à la barre, éreintànt, pas leurs collègues, oh ! non. mais l'adversaire, déversant sur lui leur verbeuse parole, monnayée au préalable, non empreinte de conviction, exerçant, dès lors, nulle action sur les juges qui l'entendent plaider, quand ils ne dorment pas, blanc aujourd'hui, demain noir.

Pourquoi le plaideur ne pourrait-il prendre un défenseur en dehors de la corporation ? se faire représenter par un ami ? l'on n'a même pas la liberté de choisir son avocat ! et quand la partie veut se défendre elle-même, usant du droit octroyé par l'article 85, sa défense est limitée, puisqu'elle est livrée à l'arbitraire appréciation des juges !

La plaidoirie faite, il n'en reste rien ; les paroles volent ; heureux encore lorsque le jugement n'en relate point de contraire à celles qui furent prononcées !

L'on prétend que la justice est indépendante et gratuite ; amère dérision !

La vénalité des offices implicitement octroyée pour un supplément de cautionnement ; le pouvoir avait besoin d'argent !

Eloignons-nous de la balance fausse de Thémis, arrivons au trébuchet sur lequel passe le produit des impôts; nous sommes encore dans la monnaie !

Pour naître, vivre, produire et mourir, il faut toujours payer, soi-même ou quelqu'un pour vous.

Le tonneau des Danaïdes n'est point une allégorie ; c'est le budget que l'on voulait sans doute désigner ; plus on y verse, moins il y a.

Chacun doit contribuer aux charges publiques proportionnellement à sa fortune. Tel doit être le principe, non suivi toujours malheureusement.

Un rentier peut posséder cent mille francs de rentes sur l'Etat, nullement touchées par l'impôt !

Pourquoi le fonds d'Etat n'est-il pas imposé ? que signifie ce privilége ? Il est insaisissable, autre immunité ; il est juste, il est nécessaire qu'il soit soumis à l'égalité et paye comme les autres valeurs mobilières ; l'établissement de cet impôt est un acheminement à celui sur le revenu qui réellement est proportionnel, par suite équitable.

L'on sera d'autant plus forcé d'y arriver que les contributions indirectes sont pour la plupart vexatoires, inquisitoriales ; qu'elles augmentent, d'une façon exagérée, la valeur des produits ; ainsi les alcools, les vins, ne peuvent librement circuler, comme s'il y avait des douanes intérieures en France, taxés à la barrière des octrois, autre suppression à faire, arrivent enfin chez le consommateur ayant leur valeur augmentée d'une façon exorbitante.

Puis l'on s'étonne que tout augmente de prix, que la cherté de la vie soit croissante, que les crises économiques soient fréquentes !

Le tabac, dont l'usage est aujourd'hui presque universel, est beaucoup trop cher ; il serait à meilleur marché si l'industrie privée le produisait, mais c'est un monopole de l'Etat, qui vend le paquet moitié moins cher en Egypte qu'en France et frappe d'un droit d'entrée de vingt-cinq francs le kilo de tabac d'Orient, sans compter encore les formalités, les démarches, pour se le faire livrer, en acquittant même le prix ; d'ailleurs la même personne ne peut en recevoir plus d'un ou deux kilogrammes par an ; ainsi le veulent les règlements.

Et l'enregistrement ! il perçoit des droits sur l'actif et le passif d'une succession, sur une vente de propriété qui, vendue huit ou neuf fois, produit au Trésor une somme égale à sa valeur.

Les quatre contributions directes percevant toujours les mêmes impôts, que les récoltes soient bonnes ou mauvaises.

Système mauvais, injuste, non équitable.

Toutes ces sommes, perçues et passant par tant de mains qui, chacune à leur tour, prélèvent leurs remises, arrivent très diminuées à leur destination. Trop de hiérarchie ! Ne pourrait-on faire verser aux succursales de la Banque de France ?

Trop de sinécures, trop de personnel, pas assez d'économies.

Le budget des cultes absorbe 60 millions ; ce chiffre n'est point concordataire, mais, le fût-il, l'on est amené à se demander pourquoi le gouvernement paye les ministres des différents cultes. Sont-ils fonctionnaires ou non ? S'ils le sont, qu'ils soient nommés, payés, commandés par le chef de l'Etat, et qu'ils lui soient soumis ; s'ils ne le sont, pourquoi payer ceux qui n'en reçoivent point d'ordres, lui désobéissent et sont gouvernés par un autre ?

Pourquoi payer leur ministère lorsqu'ils l'accomplissent, puisqu'eux-mêmes, par le casuel, perçoivent leur salaire ? ils encaissent donc deux fois !

Pourquoi les dispenser du service militaire ? ne pourraient-ils payer leur dette à la patrie d'abord, ensuite à leur Dieu, si leur conviction les y oblige? Peu en seraient pénétrés, peut-être, car bon nombre n'embrassent l'état religieux qu'afin d'éviter celui des armes!

Si les ministres du Dieu catholique imitaient leurs collègues de bien d'autres religions, se mariaient, ayant femme et enfants, ils comprendraient mieux leurs devoirs, ne s'insurgeraient point contre le pouvoir civil et ses lois, qu'ils attaquent journellement par leurs paroles et leurs écrits, chose rare, notez, dans les autres confessions.

Si le pouvoir civil ne peut et ne doit gouverner les choses de la religion, les ministres de celle-ci sortent de leurs attributions en s'immisçant partout, voulant le dominer, lui commander, pour leur plus grand bénéfice.

Les religions se servent habilement du ciel pour exploiter la terre; tant pis pour les crédules. L'Etat, par son budget des cultes, est complice de cette exploitation; il fait, par les impôts, contribuer ceux qui ne croient pas, ou du moins ne pratiquent point, par le casuel, payer double aux autres!

L'instruction, s'étendant tous les jours, démontre l'inanité de tous ces dogmes, dont le principal repose sur une génération extra-naturelle; mais que d'efforts à faire, quel petit budget que le sien! celui des cultes devrait y être reversé; les millions n'y seraient point regrettés, vu l'utilité de cette dépense, et le bénéfice que l'on en retirerait.

Quelle fonction plus nécessaire que celle d'instituteur! quel faible appointement elle comporte! Ce pauvre éducateur de la jeunesse, peu payé, très tracassé par tous, à la merci de beaucoup : maire, curé, inspecteur, recteur, préfet, sans compter les influences non officielles, toujours les plus redoutables !

Que de réformes à faire dans l'enseignement secondaire et supérieur ! Là non plus, les professeurs n'ont pas une situation brillante !

Les élèves, après dix ans de collége, ont, à peine, appris à apprendre ; on leur garnit l'esprit de choses surannées, grec et latin, les rendant forts en thème, non en science vivante, pratique, usuelle ; leur enseignant l'histoire, non par la philosophie qui s'en dégage, mais par la chronologie des faits ; la géographie, avec de mauvaises cartes qui ne font point ressortir suffisamment le relief du sol, chose importante au point de vue de sa défense ; ne leur démontrant point assez le maniement des armes, qui, appris jeune, permettrait de réduire la durée du service militaire, auquel tout Français, sans exception aucune, sauf infirmité, devrait être astreint, ce qui n'est point.

L'égalité n'est pas respectée et mise en pratique. Ici, cependant, ce serait bien le cas de l'appliquer, puisque le devoir de défendre la patrie incombe à chacun. Autrefois, c'était différent, l'on pouvait, à la rigueur, admettre l'exemption ou l'exonération, quand la France avait, avec un gouvernement personnel, une armée de conquête ; mais aujourd'hui, après ses revers, n'appartenant à personne, elle ne devrait avoir qu'une armée nationale destinée, non à conquérir des territoires, mais à défendre le sien, et bientôt, peut-être, à reprendre celui qui lui fut enlevé.

Son organisation laisse à désirer sous beaucoup de rapports.

Les bureaux du ministère sont hostiles à toute innovation; c'est là que la routine se manifeste d'éclatante manière, que la force d'inertie résiste au ministre, qui, n'en pouvant venir à bout, est obligé de capituler.

D'ailleurs, le cas est rare; le ministre de la guerre ayant sous ses ordres des subordonnés, il est vrai, mais avant tout des camarades, l'esprit de corps et la camaraderie sont des obstacles insurmontables à toute réforme.

Un général, vieilli sous le harnais, peut-il être un bon organisateur, un habile administrateur? accoutumé à recevoir des ordres, qu'il exécute passivement, il ne peut avoir l'habitude de l'initiative; par suite, il aime à rester dans les vieux errements auxquels il ne change rien.

La plupart de nos généraux apprenant, en Afrique, la guerre de guérillas et de coups de main, ne sont point initiés suffisamment à la stratégie européenne, et c'est là une des principales causes de nos revers en 1870.

Quand on n'a que peu de troupes à mettre en mouvement, comment peut-on apprendre à manœuvrer de grandes masses?

L'art de la guerre peut se résumer ainsi : faire converger vers un point déterminé, dans le moins de temps donné, le plus grand nombre d'hommes.

La vitesse est un des facteurs de ce problème.

Pourquoi donc écraser, sous une charge considérable d'objets superflus, fantassins, cavaliers, artilleurs, chevaux et voitures ?

Leur costume n'est-il pas lourd et gênant? pourquoi l'étoffe n'est-elle pas imperméable ? la dépense serait petite, grand l'avantage ; la chaussure, point encore plus essentiel, est-elle bonne, fatigue-t-elle, blesse-t-elle? au lieu de s'occuper de ces choses importantes, le comité change de temps à autre la couleur du pompon ou du plumet, parfois augmente ou diminue le nombre des boutons de guêtre! L'ordinaire du soldat est détestable, par le prix modique y affecté, par la fourniture des vivres, livrée à des entrepreneurs, dont la livraison est reçue, vérifiée par ceux qui n'en mangent point. En temps de guerre, elle est non seulement mauvaise, avariée, quand l'intendance en fait la distribution en temps utile, mais manque souvent, du moins est très en retard. Très chargés, souvent mouillés, boiteux, mal nourris ou pas du tout, vos hommes pourront-ils fournir 40 ou 50 kilomètres ?

La cavalerie produit-elle le maximum d'utilité que l'on peut désirer?

Avec les armes à tir rapide, les charges d'autrefois ne sont plus possible ; c'est un service d'éclaireurs, d'estafettes qu'il faudrait lui faire exécuter, avec hardiesse, intelligence, vitesse surtout.

Elle pourrait aussi servir à l'usage auquel Charles XII de Suède avait dressé la sienne.

A part l'artillerie divisionnaire, pourquoi ne pas opérer par grande masse sur le point décisif qu'il s'agit d'enlever?

Le sort d'une guerre se décide en rase campagne

par des batailles, car toute forteresse investie, est virtuellement prise, si elle n'est délivrée par une armée de secours ; la famine, mieux que l'assaut, l'oblige à se rendre.

Au lieu de fortifier les villes ne vaudrait-il pas mieux construire des camps retranchés, où l'élément militaire serait seul, plus libre de ses mouvements ; l'armée pourrait évoluer, sous sa protection. Si celle qui de Châlons fut à Sedan, était venue sous les murs de Paris, l'investissement n'aurait pas, au moins, été si prompt.

L'avancement, tel qu'il est réglé, l'est mal ; le concours ne devrait-il pas le fixer ? ne serait-il pas plus rationnel ?

La première République française avait des généraux de 20 à 27 ans, qui battirent l'ennemi et repoussèrent les coalitions de l'Europe.

Ils étaient promus par une sorte de concours, dont l'examinateur était l'organisateur de la victoire, qui lui-même était capitaine.

L'élément militaire, bon pour défendre ou conquérir, n'est point fait pour coloniser.

Depuis longtemps l'Algérie devrait l'être et, pour la métropole, source de revenus, non de dépenses ; la faute n'en est-elle pas aux bureaux arabes ? chaque chef n'était-il pas un pacha ? au lieu de conquérir d'autres pays ne vaudrait-il pas mieux organiser ceux que la France possède ?

Le Ministère de la Marine fourmille aussi d'abus qu'il est temps d'attaquer avec la hache d'abordage nommée réforme !

Pour transporter les troupes, il faut employer les

chemins de fer ; une mobilisation s'effectuerait-elle rapidement ? bien que les voies ferrées appartiennent à six grandes compagnies, celles-ci apporteraient à ce mouvement, on n'en doute point, leur zèle et leur patriotisme.

Les défauts existants, dans cette branche importante, sont nombreux, notons les suivants : les Compagnies sont despotiques envers leurs employés ; peu payés, écrasés de travail, renvoyés pour un rien, souvent sans motif, ils perdent la retenue opérée sur leur traitement, pour fonds de retraite.

Les tarifs de transport sont inéquitables, il favorisent le gros commerce et surtaxent le petit, ainsi les Compagnies ont divisé les marchandises en séries, dont le nombre n'est pas le même dans toutes, les unes en ayant quatre, d'autres six ; les trois premières de celles-ci sont elles mêmes divisées en trois coupures, de telle sorte que la même marchandise, le vin par exemple, paye suivant que le poids expédié est de 50, 200, 250 kilos et au-dessus, fr. 11,20, 10,95, et 7,20 la tonne.

Le ministre qui accepta ce tarif en l'homologuant, ne savait ce qu'il faisait ; peut-être le fit-il en connaissance de cause, et pour cause.

Un voyageur part de Paris pour Marseille et paye le prix ; qu'importe à la Compagnie qu'il effectue son voyage en un, deux ou huit jours ? elle a bien perçu son transport !

Le prix des places est trop élevé ; la réduction, par les voyageurs plus nombreux. produirait autant sinon plus.

De même pour les marchandises ; la multiplicité

des tarifs généraux, spéciaux, communs, rendent la taxation difficile ainsi que la vérification ; de là contestations, procès ; un seul tarif par tonne, par kilomètre et par série mieux cataloguée, ne serait-il pas préférable ?

Enfin l'exploitation des Compagnies est un monopole onéreux pour les exploités et pour l'Etat, qui donnant beaucoup de son côté, reçoit peu de l'autre ; en accordant la concession le délai fut limité : stipulée aussi la faculté de rachat ; pourquoi reculer celle-ci ? le gouvernement ne jette-t-il pas de sa main l'arme qu'il avait pour contraindre les Compagnies à mieux traiter ses employés, à réduire ses tarifs ? Peut-être y est-il forcé par la féodalité financière qui ne put être abolie en 1789, n'existant pas encore, mais s'est créée depuis ; l'époque actuelle n'est point l'âge de pierre, ni de fer, ni d'or, mais bien celui du fer et de l'or.

Beaucoup veulent faire vite fortune ; l'agiotage effréné étale son impudence ; protégé par l'Etat, qui supprima les jeux publics, et propose, aujourd'hui, de reconnaître le public jeu de la Bourse en faisant exception en sa faveur, à l'exception de dette de jeu admise par le code ! aux jeux publics on ne jouait que ce qu'on possédait ; à la Bourse, on joue surtout ce que l'on n'a pas.

N'y aurait-il donc pas moyen d'arrêter cet agiotage, qui détourne du commerce vers la Bourse, les capitaux nécessaires au commerce, à l'industrie, à l'agriculture, aux autres sources productives ?

Et toutes ces sociétés financières, prospères juste le temps nécessaire pour remplir la poche de leurs créateurs, qui plongent tout à coup dans la ruine, les trop naïfs souscripteurs !

L'on mettra bientôt en commandite les pépites d'or des montagnes lunaires ! Est-ce donc plus moral que la roulette et le trente et quarante ? ceux-ci, du moins, rapportaient de sept à dix millions, par an, à la ville de Paris.

Faudra-t-il donc une nouvelle révolution pour abolir les monopoles et la féodalité de l'argent ?

Celle-ci, non contente d'exploiter les crédules, étend ses tentacules sur les travailleurs, les payant insuffisamment, les augmentant rarement, les réduisant souvent, et quand, affamés, ils se mettent en grève, elle appelle à son aide son complice, le gouvernement qui, par la force primant le droit, la secourt avec les baïonnettes.

Voilà la liberté du travail !

Les choses nécessaires à la vie augmentent toujours, pas les salaires, ce qui amène la gêne, puis la misère.

Et l'on prétend qu'il n'y a point de question sociale ! soit ; c'est une question de nourriture : le peuple veut manger ! Est-ce une révision de la Constitution qui lui procurera du pain ?

Les représentants du peuple s'occupent peu de lui ; ils ne méritent point ce titre. Nommés par une coterie locale, ils travaillent non pour tous, pour quelques-uns, quémandant contre un vote favorable au ministère des places pour eux, leurs fils, neveux, cousins, ou électeurs influents, nouant et dénouant de petites intrigues dans l'ombre des petits couloirs. La plupart doivent leur élection à leur situation personnelle dans l'arrondissement ; ce n'est point le député qui est en cause, c'est M. X.

L'intérêt de clocher, le dirige et le gouverne ; il croit avoir carte blanche s'il a formulé un programme vague ; s'il a promis des réformes il manque à sa promesse ; quelle responsabilité aura-t-il? quelle efficace sanction pourra l'y contraindre ?

Il n'est cependant qu'un mandataire ! il est vrai que le mandat n'est pas nettement formulé, ni écrit, ni signé.

La souveraineté de la nation est intermittente ; tous les quatre ans, elle ne dure qu'un jour, celui de l'élection ; que son délégué fasse bien ou mal, elle ne peut rien, elle est obligée d'attendre.

Si elle en délègue un autre, il fait comme son devancier, sinon pire.

Est-il admissible qu'un pareil état de choses puisse longtemps continuer ? n'y a-t-il donc pas un remède à cela ?

Les députés, après une élection générale, arrivent à la Chambre, croyons-le, avec le plus vif désir de réformer ; la nation croit aussi que ses représentants vont accomplir enfin cette œuvre désirée depuis longtemps et si nécessaire.

Mais le Palais, en face le Pont de la Concorde, est enchanté ; l'air qu'on y respire est magique et délétère ; il change les convictions, amollit les caractères, fausse le point de vue, et par sa densité, effet de réfraction, fait apercevoir bas ce qui est haut, haut ce qui est bas ; malheureusement ce mirage ne tarde guère à se changer en réalité.

Divisant son travail en une foule de commissions

mensuelles ou spéciales, l'impuissance de la représentation se manifeste ; elle se sent incapable, effrayée
qu'elle est par les innombrables abus existants, de
réformer le plus petit sans toucher à tous, et, chan-
geant le mot de Louis XV, ils disent : après nous les
réformes.

Le ministère, profitant de cette disposition, distri-
buant habilement les places, sinécures, même en
cumulant, aux députés ou aux leurs, intervertit les
rôles, devient le maître ; si parfois un ordre du jour le
blâme, il n'en a cure, et se cramponne de plus fort à
ses portefeuilles, dont la possession permet d'endurer
quelques camouflets !

Du temps de Juvénal l'on payait les charges de l'Empire ; de nos jours, fonction d'Etat permet de bien
garnir les poches, même le gousset.

Le monde est à l'envers !

Les ministres ne devraient-ils pas être les commis
des mandataires fidèles de la nation souveraine ?

Celle-ci est gouvernée ; elle devrait commander !

Si la Chambre basse se rebelle, la haute sert de
balancier au ministère qui, comme un saltinbanque,
danse, entre les deux, sur la corde raide.

Les ministres sont experts en ce métier ; de bonne
heure ils apprirent à se servir du boniment et de la
grosse caisse ; à pérorer sur le tremplin de la popu-
larité, promettant de mirifiques réformes ; signant des
deux mains des programmes avancés ; publiant d'écla-
tants manifestes ; prononçant de ronflants discours ;
par tous ces moyens arrivant enfin à la fortune et au
pouvoir.

A peine y sont-ils, leur manière de voir change ;

ils adorent ce qu'ils ont brûlé, ils brûlent ce qu'ils ont adoré ; et, de radicaux avancés, ils deviennent féroces réactionnaires ; la liberté, la réformation, bonnes quand ils sont dans l'opposition, ne le sont plus lorsque le pouvoir est en leurs mains.

Quelle est donc la cause de ce changement? Le portefeuille, qu'avec tant d'amour, ils serrent sur leur cœur, est-il donc un magique talisman? est-il, comme la légendaire bourse du Juif-Errant, toujours rempli, non de cinq sous, de millions?

Difficile problême à résoudre!

Le Sénat, refuge de tous les refusés du suffrage universel, n'est qu'une mécanique; le ministère, imprudent cocher, s'en sert pour enrayer les roues du Progrès.

Si les députés refusaient de voter le budget, le Sénat l'imposerait-il? Il ne le peut.

Le chef de l'Etat est actuellement ce qu'il doit être : il règne et ne gouverne pas.

Ses successeurs l'imiteront-ils?

Jamais un militaire ne devrait être nommé Président de la République! La période de sept ans est trop longue. Ne faudrait-il pas limiter sa réélection? Comme aux Etats-Unis, une seconde fois seulement.

Afin d'éviter une surprise possible dans une élection hâtive, pourquoi ne pas nommer un Vice-Président?

———

En résumé : les intérêts de l'Etat, du département, de la commune, non séparés ;

Centralisation à outrance ;

Bureaucratie routinière, paperassière, grincheuse, molestant le public ;

Budgétivores trop nombreux ;

Rouages administratifs compliqués, créés à une époque déjà lointaine, pas en harmonie avec la nôtre ;

Lois politiques multiples, diffuses, anti-libérales, faites par un gouvernement personnel ;

Lois civiles ambiguës, injustes, codifiées dans un moment de transition ou de réaction ;

La justice, rendue par collectivité anonyme, non point gratuite ;

Les magistrats irresponsables, même moralement, dépendant du pouvoir par l'avancement, formant catégorie à part dans l'humanité ;

La vénalité des offices rétablie ;

L'impôt mal établi, inique, inéquitable, vexatoire, augmentant le prix des denrées, ne tenant point compte des bonnes ou mauvaises récoltes ;

Des droits exhorbitants de succession, mutations, acquisitions et autres ;

Le fonds d'Etat exempt de charges ;

Les ministres des cultes, non fonctionnaires, émargeant au budget de l'Etat, alors qu'ils ont le casuel ;

L'instruction pas assez répandue ;

Condition précaire des instituteurs et des professeurs ;

Mauvais programme d'enseignement ;

Non égalité de tous dans le service militaire ;

Pas de concours pour l'avancement ;

Un général, camarade avant tout, pour ministre ;

Armée peu rapide, étant surchargée ;

Troupes nourries, costumées, chaussées défectueusement ;

Intendance pas à la hauteur de sa tâche ;

Elément militaire non colonisateur ;

Compagnies de chemins de fer despotiques envers leurs employés ;

Tarifs des places et des marchandises multiples et trop élevés ;

Agiotage sur les fonds ;

Féodalité financière ;

Exploitation des travailleurs ;

Intervention de l'Etat en faveur des monopoles ;

Députés nommés par arrondissement ;

Pas de mandat formel ni de sanction ;

Souveraineté intermittente de la nation ;

Le Sénat, source de conflits ;

Le ministère gouvernant au lieu d'être gouverné ;

Le Président de la République élu pour trop longtemps ;

Réélection non limitée ;

Pas de Vice-Président ;

Surprise possible en cas d'élection hâtive ;

Voilà comment la France est organisée.

Bien d'autres vices existent aussi ; mais le cadre de cet opuscule est restreint, et si l'on voulait les mettre tous complètement en lumière, des volumes n'y suffiraient point. L'énumération des principaux suffit à démontrer que l'œuvre de 1789 est à recommencer non pour changer les principes, mais les appliquer.

Français, cela est-il au dessus de votre courage et de vos forces? non, n'est-ce pas ! pour soulever non point la terre, mais pour en réformer une petite partie, comme Archimède vous avez le levier, et plus heureux que lui, si vous le voulez, vous aurez le point d'appui. Le levier, c'est le bulletin de vote ; le point d'appui, le mandat impératif dont la sanction est la remise d'une démission en blanc, et de plus l'engagement de payer une forte somme si le député n'accomplit pas son mandat fidèlement.

La nation sera réellement souveraine d'une façon non-intermittente, mais continue ; vos ordres seront exécutés par vos mandataires, qui feront obéir les ministres et le chef d'état ; la souveraineté appartenant à tous, impérativement déléguée à quelques-uns, et, par ceux-ci, l'exécution à un seul.

Pour posséder ce point d'appui, n'attendez point qu'il vous soit octroyé ; votre attente serait longue et vaine ; c'est à vous de vous en emparer en l'imposant.

L'an prochain auront lieu les élections ; il faut, par toute la France, par tous les moyens, répandre cette idée, la faire pénétrer dans tous les esprits, de façon qu'elle devienne unanime, par des réunions, conférences, meetings, par les journaux, livres, petites brochures surtout ; que chacun comprenne l'intérêt qu'il a, dans quelque position qu'il se trouve, de faire adopter ce principe, source féconde, sans lequel les autres ne sont rien que des mots. La parole éloquente d'un conférencier n'est entendue que d'un petit nombre ; elle prêche souvent à des convertis ; le discours fini, rien n'en reste ; faudrait-il au moins le sténographier. La brochure produit plus d'effet ; elle est lue, relue, partout, à la rentrée de l'atelier ou du magasin, à la veillée, après les travaux des champs, sous le grand manteau de la cheminée ; elle est peut-être longue à s'infiltrer dans l'esprit du cultivateur, lorsqu'il s'agit de politique ; parlez-lui de ses champs, des impôts qui le grèvent, de ses intérêts, en un mot, en jeu par cette réforme, il comprendra, soyez-en sûr ! Les brochures, les pamphlets ont souvent changé la face du monde.

Qu'alors tous les citoyens imposent à leurs mandataires le programme suivant :

Mandat impératif, avec sanction, reconnu comme base de toutes élections ;

Election au scrutin de liste par département, d'une assemblée constituante, chargée de réorganiser la France, d'après les cahiers rédigés ;

Refus formel de voter le budget si le Sénat s'oppose à l'élection de l'assemblée constituante.

Français, vous devez donc préparer vos cahiers, formuler, non des doléances, vos volontés ; indiquer à l'assemblée les bases précises de son travail ; chacun doit y contribuer selon ses capacités, y apporter sa petite pierre pour bâtir l'édifice commun, dont la construction sera inébranlable, étant la résultante du labeur de tous ; tout le monde a plus d'esprit que Voltaire !

Avant de rédiger vos cahiers, vous devriez faire un travail préparatoire, pour lequel, je l'espère, la presse quotidienne vous prêtera son concours ; cela ne lui coûterait rien, lui fournirait de la copie. Elle pourrait réserver à ceux qui lui enverraient leurs idées, une partie du journal à peu près égale à celle occupée par le feuilleton ; l'un organisant la Justice de telle manière, l'autre d'autre façon ; celui-ci l'impôt, celui-là l'instruction ; la comparaison des systèmes pourrait facilement se faire, chaque lecteur pouvant découper et collectionner cette feuille.

Cela offrirait un grand avantage ; celui qui croit avoir une bonne idée ne peut point toujours la faire imprimer ; elle n'est pas mise au jour, au grand dommage de la société ; les républicains avancés, accusés de tout vouloir détruire, de ne pouvoir rien organiser, montreraient ainsi l'inanité de cette accusation !

Ce serait la tribune populaire, opposée à la parlementaire ; une enquête ouverte à tous, plus utile, plus féconde que toutes celles faites ou à faire par les pouvoirs publics, qui leur font toujours produire ce qui leur convient, dont les résultats sont absolument nuls.

Que la presse républicaine organise cette tribune ; c'est un excellent moyen de faire partager et triompher son opinion.

Français ! vous connaissez maintenant le mal et le remède, je crois ce dernier efficace, le seul peut-être que l'on puisse employer. Je suis persuadé que le salut de notre chère France dépend de son application.

Ayant vu de près, la plupart des abus signalés, mon patriotisme me fait un devoir de vous exciter à un soulèvement général, mais pacifique, le bulletin de vote à la main, car vous savez que les révolutions, qui n'ont jamais profité qu'à ceux qui ne les ont point faites, vous ont été préjudiciables.

Oui, soulevez-vous tous contre les abus ; n'écoutez plus les flagorneries que l'on vous débitera, peut-être pour vous calmer ; ne vous laissez point tromper par d'apparentes concessions ; pourquoi accepteriez-vous une partie de ce qu'on vous offrirait, puisque tout est à vous.

Comme Vercingétorix soulevant les Gaulois contre la domination de Rome et de César, je vous invite à vous soulever en masse, pour conquérir toutes les libertés, après avoir brisé les chaînes de votre esclavage.

Il vous suffit, pour cela, d'avoir une volonté ferme, inébranlable, pour faire exécuter votre devise : mandat impératif, élection d'une assemblée constituante, rédaction des cahiers.

Choisissez pour vos représentants des hommes pratiques, non d'habiles parleurs dont la parole ne produit que du bruit et du vent.

Vos mandataires fidèles, pérorant peu, travailleront beaucoup mieux, et, dans un délai relativement court, ils pourront réorganiser la patrie, réparer le temps perdu, reprendre l'œuvre de 1789, et la perfectionner.

Alors, le 14 juillet 1889 sera un beau jour ; vous pourrez avec joie, fêter le centenaire de la Révolution française ; la glorification de vos illustres ancêtres vous sera permise, car vous serez leurs dignes descendants, et vous direz avec un juste et légitime orgueil : nos aïeux nous laissèrent un bel héritage ; il nous fut enlevé par la force ; par le droit nous l'avons reconquis, augmenté. Malheur au téméraire qui tenterait de nous le ravir !

VERCINGETORIX.